ELZA SOARES

100 MINUTOS
para entender
ELZA SOARES

Copyright © 2025 Astral Cultural

Todos os direitos reservados à Astral Cultural e protegidos pela Lei 9.610, de 19.2.1998. É proibida a reprodução total ou parcial sem a expressa anuência da editora.

Editora Natália Ortega
Editora de arte Tâmizi Ribeiro
Coordenação editorial Brendha Rodrigues
Preparação de texto Maria Teresa Cruz e Esther Ferreira
Produção editorial Manu Lima e Thaís Taldivo
Ilustração capa Bruna Andrade
Revisão crítica Dara Medeiros
Capa Agência MOV

Dados Internacionais de Catalogação na Publicação (CIP)
Angélica Ilacqua CRB-8/7057

C386
     100 minutos para entender Elza Soares / Astra Cultural.
     — São Paulo, SP : Astral Cultural, 2025.
      112 p. (Coleção Saberes)

     ISBN 978-65-5566-598-7

     11. Soares, Elza, 1930-2022 - Biografia I. Astral Cultural
     II. Série

24-5652   CDD 920.72

Índices para catálogo sistemático:
1. Soares, Elza, 1930-2022 - Biografia

BAURU
Rua Joaquim Anacleto
Bueno 1-42
Jardim Contorno
CEP: 17047-281
Telefone: (14) 3879-3877

SÃO PAULO
Rua Augusta, 101
Sala 1812, 18° andar
Consolação
CEP: 01305-000
Telefone: (11) 3048-2900

E-mail: contato@astralcultural.com.br

SUMÁRIO

Apresentação	7
Biografia	15
Contexto histórico	47
Legado	97

APRESENTAÇÃO

"Na avenida, deixei lá
A pele preta e a minha voz
Na avenida, deixei lá
A minha fala, minha opinião
A minha casa, minha solidão
Joguei do alto do terceiro andar"
Elza Soares

Certa vez, durante uma entrevista, Elza Soares foi questionada sobre o fato de ser "uma brasileira que deu certo". A resposta da cantora, sem

Coleção Saberes

hesitação, foi que, sim, era uma brasileira que deu certo pela teimosia de viver.

Um rápido olhar para a vida de Elza prova que a resposta foi absolutamente verdadeira, pois a trajetória dessa grande artista foi marcada, em grande medida, pelo contexto de resistência — e insistência em existir. Elza deu certo por seu inquestionável talento, por sua força e porque teimou em viver, apesar dos reiterados "nãos" que a vida lhe ofereceu ao longo de anos.

Elza foi submetida ainda na infância a um casamento sem amor, teve o primeiro filho quando ainda era apenas uma adolescente, precisou trabalhar desde muito jovem, teve de lidar com a fome e também com a falta de tudo aquilo que nos traz dignidade. Só alcançou visibilidade por volta dos trinta anos de idade, quando já havia testemunhado tudo de pior que uma sociedade em profunda decadência tinha a oferecer.

Essa mulher preta, nascida em uma favela na periferia do Rio de Janeiro, teve de enfrentar a pobreza extrema, assim como sistemáticos abusos em um país que havia passado pelo processo de abolição da escravidão há apenas algumas décadas. Ainda assim, contrariou a previsão das estatísticas: Elza deu aos brasileiros o presente de uma vida longa, entregando sua voz e seu posicionamento crítico por quase um século.

Mas, definitivamente, não se limitou a sobreviver. Com sua voz inconfundível e genialidade na interpretação, ela imprimiu sua marca como uma das mais primorosas artistas de seu tempo, com alcance comparável a figuras internacionais, como Ella Fitzgerald, uma das maiores cantoras do jazz. Versátil, Elza transitou por diversos gêneros e participou de projetos que incluíram parcerias com grandes expoentes do cenário musical nacional e internacional, como Louis Armstrong, Os Mutantes e, mais recentemente, Baiana System.

A cantora carregou em seu corpo e em sua existência o recorte de uma parte dolorida da história do país, costurada por quase um século de lutas, injustiças e transformações. Ela foi testemunha das contradições e dos desafios que permeiam a sociedade brasileira até os dias hoje.

Por outro lado, foi a definição perfeita de uma figura ativa, engajada e, essencialmente, destemida. Elza fez da música uma ferramenta de resistência e transformou a sua voz em um símbolo de esperança, em um país profundamente marcado por golpes políticos, racismo, machismo e por uma desigualdade social brutal.

Enquanto artista e ativista, ao assinalar sua luta contra o contexto social e político brasileiro, Elza reivindicou espaço para aqueles que, como ela, foram historicamente silenciados.

Com o espaço que conquistou, deixou grandes contribuições para a cultura e a história do país. Presenteou os brasileiros com obras que serão eternamente lembradas, tais como "Se acaso você chegasse", "A carne", "Maria da Vila Matilde", "O que se cala", entre outras canções que estão fortemente presentes no repertório popular.

Elza começou a trilhar seu caminho na música na década de 1950, e já naquele período, com sua sensibilidade exacerbada, foi capaz de tratar de temas como violência doméstica, uma questão ainda banalizada pela sociedade da época.

A partir dali, foi tecendo uma carreira brilhante que permitiu que levasse tanto o seu talento quanto suas ideias a lugares até então inimagináveis.

Ao afirmar que é uma brasileira que deu certo, Elza Soares não está apenas resumindo sua fala a uma carreira bem-sucedida, de ganhos financeiros ou mesmo de ter tido uma vida feliz. Ela está falando, na realidade, sobre não se dobrar às intempéries de uma sociedade tão injusta e desigual. Nesse caso, "dar certo" vai muito além de qualquer sucesso material: é sobre transformar a dor em força, o silenciamento em voz e a tentativa de apagamento em arte.

1

BIOGRAFIA

> "Você precisa andar
> em um caminho reto,
> abrindo passagem para
> os outros virem atrás.
> Meu caminho mesmo,
> muitas vezes era fechado.
> Tinha sempre uma porta
> me trancando. Mas eu ia em frente
> — e queria que todo mundo
> fosse assim."
>
> **Elza Soares**

Elza Gomes da Conceição nasceu em 23 de junho de 1930, em uma favela atualmente conhecida como Vila Vintém, localizada entre os bairros de Realengo e Padre Miguel, na zona oeste da cidade do Rio de Janeiro. A família logo se mudou para o bairro Água Santa, na mesma cidade.

Desde o início, sua vida foi marcada pelas dificuldades de uma sociedade ainda permeada pelos reflexos de um processo de falsa abolição da escravidão, que deixou, entre outros nefastos legados, o racismo e a exclusão social, presentes em nosso cotidiano até os dias de hoje.

Filha da lavadeira Rosária Maria da Conceição, que tinha a vizinhança como a principal clientela, e de Avelino Gomes, um amante do samba que trabalhava como técnico de explosões na construção civil, Elza cresceu em um ambiente de pobreza, mas frequentava uma boa escola.

Desde pequena, foi influenciada pela música. Seu pai, que tocava violão e cantava, teve um impacto significativo em sua vida, introduzindo-a ao mundo do samba. Dessa forma, a música tornou-se uma constante fonte de conforto e expressão em um ambiente de constante privação.

Elza cantava sempre que podia, fosse enquanto ajudava sua mãe a carregar roupas para lavar, ou ainda dentro de casa, ao lado de Avelino, que tocava violão e cantava, ao mesmo tempo que Elza o acompanhava com sua voz rouca, que se tornaria, anos mais tarde, uma das principais características de sua interpretação magistral.

Esse início mais tranquilo de sua vida logo seria interrompido. Aos doze anos, a menina

Elza sofreria a primeira violência que marcaria sua vida. Um conhecido de seu pai, Lourdes Antônio Soares, conhecido como Alaordes, tentou estuprá-la, mas Elza lutou, evitando que o crime fosse consumado. Ainda assim, ela foi obrigada por seu pai, o conservador e machista Avelino, a se casar com seu agressor em nome da honra.

Vítima de constantes abusos e violência sexual por parte do companheiro oito anos mais velho que ela, Elza se tornaria mãe de seu primeiro filho, aos treze anos e, aos catorze, do segundo, que morreu no ano seguinte em consequência da fome.

Logo em seguida, Elza começou a cantar como forma de ajudar no sustento da casa, mesmo sob os protestos do marido. Em razão do trabalho nas obras, Alaordes passou a sofrer com tuberculose e precisava de ainda mais ajuda financeira de Elza.

Por essa razão, ainda aos dezesseis anos, ela começou a trabalhar em uma fábrica de sabão e também como empregada doméstica. Já recuperado da doença, Alaordes retomou o trabalho e obrigou Elza a voltar a fazer exclusivamente os serviços domésticos: cuidar da casa e do filho.

Quando completou dezoito anos, Elza casou-se oficialmente com Alaordes, uma mera formalidade diante de uma união que logo acabaria. Ainda assim, a partir dali ela passaria a chamar-se Elza Soares até o fim de sua vida.

Em 1950, Elza teve mais um bebê, desta vez uma menina. No entanto, a felicidade pelo

Coleção Saberes

nascimento da pequena Dilma Soares logo deu espaço a uma dor excruciante — um casal de amigos de confiança de Elza sequestrou a menina quando ela tinha apenas um ano de idade. As duas só se reencontraram décadas depois, quando Dilma já era adulta.

Após o ocorrido, o casamento de Elza e Alaordes ruiu — embora o desfecho desta história seja pouco conhecido. Em entrevista ao jornalista Zeca Camargo, Elza disse ter se separado após Alaordes descobrir que ela estava trabalhando como cantora e ele ter tentado assassiná-la.

Entretanto, existem fontes que indicam que o primeiro marido de Elza teria simplesmente morrido de tuberculose antes de eles se separarem. Independentemente das versões, o que se sabe é que, aos 21 anos, em 1951, Elza já era viúva e havia dado à luz a sete filhos, dois dos quais morreram antes de serem nomeados, um foi entregue para adoção e outra foi raptada. Logo, se viu sozinha e responsável por sustentar sua família.

A música ressurgiu na vida de Elza, desta vez como um meio de sobrevivência, e sua voz rouca, poderosa e única logo chamaria atenção. O início da carreira foi marcado por um evento significativo em 1953, quando a jovem participou do programa "Calouros em Desfile", apresentado por Ary Barroso, na Rádio Tupi. Vale destacar que foi para comprar remédios para seu filho recém-nascido que Elza decidiu tentar a sorte cantando, ela sequer sonhava com a fama.

Mergulhada em extremas dificuldades financeiras, Elza não tinha uma única roupa decente para se apresentar. Decidiu, então, emprestar um vestido de sua mãe, que acabou ficando enorme em seu corpo, já que, além da baixa estatura, à época estava pesando apenas quarenta quilos. Usando alfinetes para improvisar um ajuste, entrou de cabeça erguida no programa.

Ary, impressionado com a vestimenta e a atitude da jovem, em tom zombeteiro, perguntou: *"O que você veio fazer aqui?"*. Elza respondeu: *"Cantar."*. Ele, em seguida, continuou: *"E de que planeta você veio mesmo?"*. Ali, Elza responde com uma das frases mais marcantes de sua trajetória: *"Eu vim do mesmo planeta que o senhor, senhor. Planeta Fome."*.

Na sequência, cantou os versos compostos por Paulo Marques e Aylce Chaves na canção "Lama": "*Se quiser fumar, eu fumo / se quiser beber, eu bebo*". Após o show, Ary Barroso declarou: "*Nesse exato momento, acaba de nascer uma estrela*".

De fato, naquele programa nasceu uma estrela da música. Ela venceu o concurso e logo foi contratada como *crooner* — que são cantores que interpretam canções populares geralmente acompanhados por orquestras — pela Orquestra Garam de Bailes, sob a regência de Joaquim Naegli.

A carreira de Elza começou a deslanchar com a sua participação em shows e peças de teatro. Em 1955, ela estrelou a peça *Jour--Jou-Fru-Fru*, ao lado de Grande Otelo, um

Coleção Saberes

sucesso que ajudou a consolidar sua presença no cenário artístico.

Nos anos seguintes, Elza se apresentou em diversos eventos nacionais e internacionais, incluindo uma turnê pela Argentina, onde ficou presa por falta de dinheiro. Em 1959, grava seu disco de estreia "Se acaso você chegasse", homônimo da música de maior sucesso do seu álbum.

O disco, aliás, não foi apenas um marco no início de uma carreira de sucesso de Elza, que se tornou uma das primeiras artistas negras a ganhar destaque nacional em uma época em que o racismo marginalizava toda e qualquer forma de cultura afro-brasileira. Ele veio carregado de um impacto cultural que marcou a geração da época, contribuindo de modo significante para a evolução da música popular brasileira, além de ampliar o espaço para artistas negras na cena musical daquele tempo, que era predominantemente ocupado por homens e mulheres brancos de classes sociais mais abastadas.

Tanto o álbum quanto a música trouxeram inovações como os ritmos samba-canção e sambalanço que misturavam o já conhecido samba para os brasileiros com o jazz que era muito forte nos Estados Unidos. A voz rouca de Elza, sua principal marca, ajudou a revolucionar a indústria musical brasileira ao trazer para o seu canto as técnicas utilizadas no jazz por Louis Armstrong e Ella Fitzgerald.

Em 1960, Elza se apresentou no Festival Nacional de Bossa Nova, em São Paulo. E em 1962, foi convidada para ser madrinha da Seleção Brasileira na Copa do Mundo realizada no Chile. Na ocasião, dois encontros mudariam bastante sua vida tanto no aspecto profissional quanto pessoal: foi apresentada a Louis Armstrong e conheceu aquele que seria o grande amor da sua vida, o craque Mané Garrincha.

O ícone do jazz ficou impressionado com a voz de Elza e a apelidou de "my daughter" (minha filha), porque a técnica de canto utilizada por Elza era muito semelhante ao popular *scat*, canto gutural popularizado por Armstrong e aperfeiçoado por Ella Fitzgerald.

A voz de Elza era certamente diferenciada, abrangendo gravidade e doçura, o que fazia com que funcionasse para samba, sambalanço, jazz e bossa-nova. Essa diversidade em seu repertório continuaria existindo durante toda sua carreira, e ela seguiria sempre atenta aos ritmos populares de cada geração, chegando a trabalhar até mesmo com rap e funk eletrônico. Ainda em 1962, representaria o Brasil no Festival de Música de Helsinque, realizado na Finlândia.

O auge de sua carreira foi durante a década de 1960, quando lançou álbuns como "O máximo em samba" (1967) e "Elza Soares & Wilson das Neves" (1968). Sucessos como "Boato", "Edmundo" e "Beija-me" consolidaram sua posição como uma das maiores cantoras do Brasil. Entretanto, embora profissionalmente próspera, essa década seria bastante conturbada para Elza, Garrincha e a sociedade brasileira como um todo.

Elza, Garrincha e a ditadura

Na Copa do Mundo de 1962, com Elza no papel de madrinha da seleção, o Brasil conquistou seu segundo título na competição e Garrincha, ponta-direita da equipe, foi eleito o melhor jogador em campo.

Ambos em grande fase em suas respectivas profissões, Elza e Garrincha tiveram seus destinos cruzados naquele evento — em um encontro que rapidamente evoluiu para um intenso e complicado romance. Garrincha era casado e tinha filhos, mas embarcou na relação extraconjugal com Elza ao ponto de decidirem morar juntos em 1964, inicialmente instalando-se no Rio de Janeiro e logo depois em São Paulo.

O país vivia o primeiro ano da ditadura militar, período em que o poder foi tomado por um golpe por militares que trouxe consigo mais de duas décadas de repressão e brutalidade. Elza sempre fora uma mulher politizada, e, na contramão dos movimentos militares, em 1963, além de apoiar João Goulart, o Jango, que assumiu o país após a renúncia de Jânio Quadros, fez campanha para o presidencialismo. Não tardou para que fosse punida por seu posicionamento político, como tantos outros artistas da época.

Em 20 de junho de 1964, a casa em que morava com Mané Garrincha no bairro de Copacabana foi invadida e revirada pelo Departamento de Ordem Política e Social (DOPS). A família foi rendida e o animal de estimação, assassinado. Nesse mesmo período, eles também passaram a receber ligações ameaçadoras, em especial após o lançamento da música "Eu sou a outra", na qual aborda sua polêmica relação com Garrincha, criticada especialmente por ele ter deixado sua família para viver com Elza.

Em seguida, o casal resolve partir para São Paulo. Essa mudança acontece durante um momento de desconforto no qual Elza perde uma gravidez e também durante o qual passaram a sofrer ataques anônimos, como pedradas em direção à residência em que moravam. Desde cedo, a relação entre os dois já se mostrava difícil. Garrincha, era alcoolista e muitas vezes violento.

Em 1965, Elza lança "Mulata assanhada" e, em 1966, os dois oficialmente se casam. Nos anos seguintes, Elza participou de diversos festivais, fez shows no México e nos Estados Unidos, onde cogitou morar para aproveitar o sucesso e também fugir da censura e perseguição que já estava acontecendo no Brasil e que só iria piorar. Em 1968, entraria em vigor o Ato Institucional n° 5 (AI-5), que inaugurou o período de maior violência e repressão do regime militar.

Um ano depois, Elza lidaria com um dos piores episódios que enfrentou em sua vida. Em abril de 1969, Garrincha dirigia embriagado quando o veículo que conduzia bateu na traseira de um caminhão. No carro, com ele, estava Rosária Maria da Conceição, mãe de Elza, que foi bruscamente arremessada para fora do carro e morreu no local do acidente. O jogador foi condenado a dois anos de prisão por homicídio culposo, mas acabou sendo absolvido em 1971. A tragédia abalou profundamente a artista e deu início a um período de desgastes em seu casamento.

Os anos 1970 foram de intensas transformações na vida de Elza. O início da década fora marcado por um atentado na casa que morava com Garrincha no Jardim Botânico, bairro da zona sul do Rio. A residência foi metralhada por agentes do regime militar enquanto ela e os filhos estavam em casa. Anos depois, em entrevista ao apresentador Fábio Porchat, Elza contou que sua casa foi toda baleada e o piano que ficava na sala foi aberto ao meio por conta dos tiros.

Após o ocorrido, os dois tiveram 24 horas para sair do país, e decidiram se exilar na Itália.

Embora Elza não tenha falado abertamente sobre essa passagem em vida, a morte de uma ex-esposa de Garrincha teria feito com que ela adotasse alguns de seus filhos, que passaram a morar junto com o casal na Itália.

Lá, foram apoiados por outros artistas brasileiros exilados, incluindo Chico Buarque. Durante o período em que esteve na Itália, Elza substituiu Ella Fitzgerald em uma turnê europeia.

Os anos seguintes continuaram sendo desafiadores para a cantora. Se nos anos 1960 ela viveu os melhores momentos de sua carreira até ali, na década seguinte foi colocada sob o desafio de manter sua relevância em uma indústria musical em rápida mudança. Os lançamentos que fez na música naquele

Coleção Saberes

período tiveram menor relevância em relação a trabalhos anteriores e ela enfrentava dificuldades para conseguir um espaço de destaque na mídia.

No ano de 1976, em meio ao complicado relacionamento que vivia, Elza teve seu primeiro filho com o jogador, Manoel Francisco dos Santos Júnior, conhecido como Garrinchinha. Quando o menino nasceu, o alcoolismo de Garrincha piorava cada vez mais. À época, lidava não somente com as crises pessoais dos últimos anos, mas também com lesões no joelho que fizeram com que ele nunca mais fosse o mesmo astro da Copa de 1962. Esses fatores colaboraram para que ele se afundasse cada vez mais na bebida, tornando o relacionamento com Elza insustentável.

Nesse período, a cantora se envolvia com maior profundidade de engajamento em questões sociais e políticas, utilizando não só a sua música como plataforma para denunciar as injustiças enfrentadas pelos negros e pelas mulheres no Brasil. No entanto, dentro de sua própria casa, era vítima de violência por parte de seu parceiro, cuja embriaguez vinha acompanhada de crises de ciúme, descontrole emocional e, em alguns casos, agressões físicas. Elza separou-se de Garrincha em 1977, apesar de o divórcio oficial ter acontecido apenas seis anos depois.

A separação precedeu acontecimentos trágicos na vida da artista, entre eles, a morte de Garrincha em janeiro de 1983, vítima de cirrose. Um ano após a morte do jogador, Elza encontrava-se em uma crise depressiva que a

Coleção Saberes

levou ao ostracismo. Estagnada, sem conseguir produzir novas músicas, enfim recebeu a ajuda de Caetano Veloso, que se tornaria um amigo para toda a vida. O cantor estava produzindo seu 16° álbum de estúdio, "Velô", e convidou Elza para participar de uma das canções do disco, "Língua". A música foi um sucesso e entrou no hall de obras mais importantes de sua carreira, dando início a um período próspero. No entanto, a retomada dos trabalhos foi impactada por um triste evento.

Em 1986, três anos após a morte do pai, Garrinchinha, aos nove anos de idade, foi jogar futebol com os amigos quando o carro no qual estava capotou e caiu em um rio. O garoto não conseguiu sair do veículo a tempo e acabou morrendo afogado. A morte de mais um filho foi um golpe devastador demais para a já enlutada Elza, que então decidiu reavaliar sua carreira e seu papel no mundo, passando os próximos anos transitando entre a Europa e os Estados Unidos.

A essa altura, a música brasileira estava vivenciando um período de efervescência criativa e de redescoberta de sons tradicionais brasileiros. Elza, sempre atenta às transformações ao seu redor, começou a adaptar seu estilo, incorporando elementos de funk, soul e outros ritmos contemporâneos à sua musicalidade.

Em 1988, ela lançou o álbum "Voltei", um título emblemático que refletia o desejo de se reconectar com seu público e reafirmar sua posição no cenário musical brasileiro, ao mesmo tempo em que demonstrava a força do retorno após vivenciar anos trágicos marcados por perdas.

Coleção Saberes

A década seguinte foi um período de continuação do seu novo projeto musical e de intensa reestruturação na vida de Elza. Também foi marcada por seu retorno ao Brasil, em 1994, e uma nova aproximação com a cena musical carioca, que começava a redescobrir e valorizar as contribuições de artistas como ela.

Um dos marcos dessa nova fase foi o lançamento do álbum "Trajetória", em 1997, que trazia o hit de mesmo nome em meio a um compilado que revisitou grandes sucessos de sua carreira, combinado a novas interpretações que refletiam sua maturidade artística. Além de "Trajetória", Elza participou de diversos projetos colaborativos e gravou com artistas renomados da MPB e do rock nacional, como Caetano Veloso e Lobão, respectivamente.

No teatro, Elza participou de espetáculos importantes, como "Ópera do Malandro", de Chico Buarque, onde sua atuação foi amplamente elogiada. Ela também se destacou em participações especiais em álbuns de outros artistas e em tributos que a celebravam como uma das grandes vozes do Brasil. No final da década, ainda participou do documentário musical "My name is Now" ("Meu nome é Agora" em tradução livre) lançado em 1999, que se debruça sobre sua vida e obra.

A virada do século

Os anos 2000 começaram em grande estilo para Elza Soares, que foi reconhecida como "a melhor cantora do milênio" pela BBC Radio de Londres. Além disso, fez uma participação em uma peça

Coleção Saberes

de teatro sobre sua vida, "Crioula, a rainha do suingue", musical feito em sua homenagem, escrito pela atriz e diretora Stella Miranda. No mesmo ano, conhece o músico e compositor Anderson Lugão, com quem engatou um relacionamento e, posteriormente, um casamento, que durou cerca de oito anos.

Em 2002, lança um de seus álbuns mais importantes e criticamente aclamados, "Do cóccix até o pescoço", uma coletânea de colaborações com grandes nomes da música brasileira, entre eles: Chico Buarque, Jorge Ben Jor, Gilberto Gil, Arnaldo Antunes, Carlinhos Brown e Caetano Veloso. O álbum atravessa diversos gêneros musicais e Elza está impecável, com a voz mais forte do que nunca. No disco está a canção "A carne", na qual Elza traçou um novo patamar na visibilidade da luta contra o racismo e eternizou versos conhecidos por boa parte dos brasileiros: "*A carne mais barata do mercado é a carne negra / Que fez e faz história / Segurando esse país no braço, mermão*". A música faz menção à dívida histórica do brasil com a população negra e a busca por respeito e igualdade.

Em 2008, separa-se de Lugão. Dois anos depois casa-se com seu último marido, Bruno Lucide, empresário 52 anos mais jovem que ela, com quem ficou até 2012.

Elza seguiria em plena atividade até meados de 2014, quando passou por uma cirurgia na região lombar, consequência de uma queda em um show anos antes, e nunca mais voltou a se movimentar como antigamente. Além disso, perdeu o filho de seu primeiro casamento, Gilson, que morreu em decorrência de uma infecção urinária aos 59 anos. As perdas de seus filhos seriam cicatrizes que sempre atormentariam a existência de Elza.

Ainda assim, mais uma vez, diante da tragédia, ela inicia uma revolução criativa em seu trabalho. Em 2015, lança o álbum "A mulher do fim do mundo", considerado experimental, contemporâneo e multigênero. As letras trazem um forte ativismo a favor dos direitos das mulheres e da luta antirracista, as músicas são consideradas modernas por sua estrutura e construção, passeando por composições que vão do psicodélico-progressivo ao samba-pop e o hip hop.

Em 2018, lança "Deus é mulher", eleito o 2º melhor disco brasileiro do ano pela revista Rolling Stone Brasil e um dos 25 melhores álbuns brasileiros do primeiro semestre pela Associação Paulista dos Críticos de Arte (APCA). Seu próximo sucesso foi uma espécie de homenagem a sua própria jornada, chamado "Planeta Fome", em alusão à resposta que deu para Ary Barroso, ainda em 1953. Lançado em 2019, o álbum trazia músicas inéditas e vinha embalado por uma arte de capa desenvolvida pela cartunista Laerte Coutinho.

Seu último álbum lançado em vida foi uma gravação despretensiosa, acústica, feita em 1997 e que permanecia inédita quando veio, finalmente, a público em "Elza Soares & João de Aquino" (2021).

"No tempo da intolerância" é seu último álbum, lançado um ano e meio após a morte da artista, que faleceu de causas naturais em 2022.

2

CONTEXTO HISTÓRICO

> "A carne mais barata
> é a carne negra.
> Só cego não vê."
>
> **Elza Soares**

Elza viveu em um Brasil que pouco nos remete ao país de hoje, embora ainda lidemos com suas cicatrizes. Afinal, quando a artista nasceu, não havia completado sequer cinquenta anos que a escravidão tinha sido abolida e o Rio de Janeiro ainda seria, por algumas décadas, a capital federal. Como uma mulher negra, filha de pais retintos e carioca, esses marcos são fundamentais para o entendimento não somente da sociedade na qual Elza estava inserida, mas também a influência do ambiente no qual viveu em sua obra.

Diante de um país desigual, com pouca — ou nenhuma — possibilidade de ascensão para pessoas como ela, Elza enxergou na música uma oportunidade de mudar de vida. Quando ascendeu, tratou de voltar os olhos aos que viviam como ela, marginalizada e privada de inúmeros direitos. Assim, construiu uma obra marcada tanto pelo seu talento quanto pela habilidade em imprimir uma perspectiva que trazia a dualidade do país da bossa e de um Brasil atrasado, violento e, muitas vezes, cruel.

A escravidão no Brasil

Traçar um panorama da história do Brasil e ignorar o fato de que o país foi atravessado por mais de trezentos anos de escravidão do povo negro é, além de uma desonestidade intelectual, um grave erro que impossibilita a compreensão do quanto o racismo na sociedade brasileira é estrutural. Houve, ao longo dos séculos, uma tentativa de apagamento dessa realidade, que, felizmente, passou a ser considerada e contada nos livros e nas aulas de história em um passado mais recente.

Antes que possamos pontuar qualquer fato relativo à escravidão, é preciso colocar que os negros não vieram ao Brasil por livre e espontânea vontade, mas sequestrados do continente africano no processo de colonização da América do Sul e subjugados à condição de objetos, sendo escravizados e submetidos a muita violência e trabalhos forçados.

Entre 1500 e 1850, mais de 12 milhões de africanos foram raptados do continente africano, escravizados e transportados para serem vendidos como mercadorias do outro lado do oceano. Cerca de 5,5 milhões de pessoas foram mandadas à força para o Brasil, fazendo do país o que mais recebeu escravos na história e o que mais praticou a escravidão na idade moderna.

A abolição da escravatura veio tarde, em 1888, mais de cem anos após a Revolução Industrial explodir no mundo — e cem anos antes de redigirmos nossa atual Constituição. Quando a Lei Áurea foi promulgada, a escravidão permaneceu entranhada nos órgãos públicos, nas leis, nos costumes, na educação e no mercado. Ela foi abolida no papel, mas, na prática, nunca acabou.

O Rio de Janeiro da fome, do morro e do samba

Durante a virada do século XIX para o século XX, a população do Rio de Janeiro cresceu significativamente: em 1890, havia cerca de 500 mil habitantes na cidade, e, 30 anos depois, esse número ultrapassava 1,15 milhão de pessoas. O aumento da população se devia, principalmente, à chegada de pessoas que saíram das fazendas do Vale do Paraíba após se libertarem da escravidão, aos migrantes que chegavam com a esperança de oportunidades de trabalho, e aos imigrantes estrangeiros que vinham para o Brasil fugindo da miséria e das guerras.

Todas essas pessoas se concentraram em bairros como Saúde, Estácio e Gamboa, onde encontraram espaços de acolhimento nas casas das "tias baianas". Essas mulheres, além de serem líderes religiosas do candomblé, utilizavam seus terreiros para promover as rodas de samba, enfrentando a repressão de uma sociedade que discriminava as expressões culturais afro-brasileiras.

O samba, profundamente enraizado na cultura africana trazida pelos negros escravizados, começou a se consolidar nas rodas de dança e celebrações comunitárias. Danças como o lundu, o coco e o fandango, sempre acompanhadas pelos ritmos dos batuques, mantinham viva a memória e a identidade afro-brasileira.

O samba urbano carioca, forma mais conhecida do gênero, evoluiu a partir do samba de roda do Recôncavo Baiano, que tinha como significado original a palavra "festa". Essas rodas de samba não eram apenas espaços de lazer: eram também momentos de construção coletiva de identidade e resistência. Nos terreiros, o samba narrava as dificuldades cotidianas, denunciava a discriminação e expressava a vida nas periferias do Rio de Janeiro.

A cidade cresceu rapidamente e, com a escassez de moradia, os proprietários dos casarões antigos do centro dividiram esses prédios com tapumes e biombos, passando a alugar os cômodos improvisados. Eram nesses locais que vivia a maior parte da população, que sofria com o aumento dos preços e do desemprego decorrentes do governo do presidente Campos Sales.

A reforma urbana de seu sucessor, Rodrigues Alves, tinha como objetivo mostrar ao mundo que o Brasil era estável e podia receber investimentos externos, mas, para isso, era necessário remover as pessoas que moravam em habitações precárias no centro. Afinal, uma população considerada "não governável" não era boa para a imagem que se pretendia passar ao mundo. Foi justamente para conter a ameaça representada por essas pessoas que surgiu a ideia de remodelar o espaço urbano do Rio de Janeiro.

Sendo assim, em 1905 cerca de seiscentas habitações coletivas e setecentas casas foram demolidas, o que significou, de imediato, o despejo de, no mínimo, 14 mil pessoas de seus lares. A especulação imobiliária aumentou junto com os impostos e a chegada da rede elétrica, o saneamento e o asfalto. Além disso, foram criadas normas sobre o tipo de arquitetura das construções e proibiram a criação de animais como vacas e galinhas. Com a expulsão dessas pessoas da região central, o Rio de Janeiro se tornou uma cidade mais segregada, com um centro que agradava os visitantes e os investidores.

Os morros e os mangues foram ocupados com moradias precárias, tornando-se locais habitados por pessoas que não tinham dinheiro para alugar um cômodo ou construir um casebre. Já na região central da cidade, para proteger os novos espaços públicos, como praças e jardins, foram instaladas grades.

Outras grades, essas com forte componente simbólico, também foram implantadas nessa época, com a ampliação de presídios e manicômios. Ou seja, o governo estava dando

Coleção Saberes

bastante atenção à manutenção e à reforma de instituições que tinham como objetivo conter e isolar quem representasse perigo ou um incômodo ao poder.

Em um período bastante curto, surgiu uma cidade repleta de luxo sob o olhar atônito da população pobre, que se via cada vez mais humilhada. Durante a repressão, o governo prendeu pessoas em navios e as mandou para outras regiões do Brasil, principalmente o Acre, estado que vivia o ciclo da borracha, com o crescimento dos grupos de seringueiros e os conflitos por terras entre brasileiros, bolivianos e povos indígenas.

A morte, a cadeia e os trabalhos forçados no Acre foram o destino de muitos moradores de cortiços, enquanto a maioria encontrou um refúgio nos morros, que foram povoados de forma desordenada dando origem às favelas como conhecemos hoje.

A primeira ocupação desse tipo foi o "Morro da Favela", que se tornaria o Morro da Providência, com barracos improvisados por ex-combatentes da Guerra de Canudos. Depois disso, todos os morros passaram a ser ocupados dessa forma desordenada e foram chamados de "favela". Nas favelas, o povo pobre construiu suas vidas e manteve suas tradições de resistência à violência, já que os governos continuaram tratando seus habitantes da mesma forma que tratavam os moradores dos cortiços.

Diante desse cenário, o Rio de Janeiro se consolidou como uma cidade onde os ricos viviam em áreas verdes, belos palacetes e transitavam por largas avenidas, enquanto os pobres foram mandados para os morros ou para longe do centro.

Embora esse retrato seja do início do século, quando Elza nasceu, as coisas não eram tão diferentes. Na favela de Moça Bonita, onde foi criada, lidou com muitas dificuldades e com a falta de direitos básicos. Elza e sua família não tinham acesso a saneamento, eletricidade, ou água encanada, e, em diversas entrevistas ao longo de sua vida, a artista contou que conviviam com a fome.

Samba como resistência

Nesse grande processo de expulsão dos pobres para os morros, o samba também deixou o centro. O samba costuma ser identificado como um ritmo nascido na favela, mas a verdade é que ele surgiu no centro da cidade do Rio de Janeiro, mais precisamente no Cais do Valongo, que foi o maior porto escravista da história, onde desembarcaram cerca de um milhão de pessoas escravizadas ao longo dos séculos XVIII e XIX. Próximo ao cais estava um cemitério para os africanos que não sobreviviam à travessia e habitações populares, onde viviam descendentes de africanos. Esse foi o berço do samba.

O lançamento de "Pelo telefone" em 1917, considerado o primeiro samba brasileiro, marcou um ponto de virada na história do ritmo. A partir desse momento, ele deixa de ser vinculado exclusivamente às rodas de

Coleção Saberes

dança e passa a ser, de fato, um gênero musical reconhecido. O sucesso dessa música não apenas consolidou o samba como uma forma de expressão cultural, mas também refletiu a crescente aceitação da cultura afro-brasileira, que começava a penetrar nos salões da alta sociedade carioca.

Nos anos 1920, o samba firmou-se ainda mais no cenário cultural do Rio de Janeiro, com o surgimento das primeiras escolas de samba. Essas, por sua vez, desempenharam um papel crucial na fusão entre o samba e uma celebração que se popularizou rapidamente no país, o Carnaval.

Marcada pela mistura de culturas e pela subversão das hierarquias sociais, a festividade não demorou a se consolidar como a maior festa popular do Brasil, e gradualmente incorporou elementos da cultura afro-brasileira.

As agremiações não só integraram o samba às práticas carnavalescas, como também contribuíram para a criação do samba-enredo, um estilo de samba que narrava histórias e passava mensagens durante os desfiles.

O samba não só sobreviveu aos movimentos de repressão, como floresceu, tornando-se um símbolo de resistência, de identidade e de uma cultura que, apesar das adversidades, se firmou como parte fundamental da história e da alma do Brasil. O samba é a verdadeira trilha sonora de uma história marcada pela divisão racial e pela higienização social promovida por governos que nunca governaram, de fato, em favor de sua população. Foi nesse Rio de

Janeiro que nasceu Elza Soares, que desde jovem gostava de frequentar blocos de rua e ensaios de escolas de samba.

Ter crescido sob essa influência, não à toa, fez com que sua música passasse a embalar as comemorações de Carnaval anos depois. Participou, em 1969, de desfiles do Salgueiro e, de 1973 a 1976, da Mocidade Independente de Padre Miguel, escola de samba do bairro onde nasceu.

Seu vínculo com a celebração e, em especial, com a Mocidade, rendeu a Elza uma bela e significativa homenagem: a escola dedicou a ela o enredo "Elza Deusa Soares" no Carnaval carioca de 2020. O desfile exaltava sua trajetória, suas músicas e as bandeiras que levantou corajosamente ao longo da vida — como o seu posicionamento ativo contra o racismo e o machismo.

O Brasil de Vargas e o Brasil da Bossa Nova

Getúlio Vargas assumiu a presidência do Brasil em 1930, exatamente no ano em que Elza viria ao mundo. E, embora essas duas figuras não tenham qualquer relação, é no país governado por ele que a artista viveria sua infância e adolescência, sendo impactada pela realidade.

Apesar de ser um representante da "velha política", Getúlio percebeu rápido que, para manter o poder dos fazendeiros, era preciso fazer concessões aos tenentes, aos operários e à classe média, além de se apresentar como uma nova alternativa para o país. Quando sua candidatura à presidência começou a ser divulgada, em 1929, Getúlio era um político em rápida ascensão no cenário nacional e representava principalmente as oligarquias estaduais.

A campanha eleitoral foi tão importante para a história política de Getúlio Vargas quanto o resultado das eleições, já que ela rompeu com o principal fundamento do sistema político vigente, que era manter a população pobre fora da política. O apoio que Getúlio recebeu dos operários e de outros grupos sociais não vinha só do ódio à oligarquia paulista. Vinha também do seu plano de governo, chamado Plataforma da Aliança Liberal. O plano foi lido integralmente por Getúlio no comício no Rio de Janeiro, que oficializou sua candidatura no dia 2 de janeiro de 1930.

Getúlio garantiu um apoio que não garantia muitos votos, mas rendia a simpatia daqueles que até então representavam a maior ameaça armada ao regime oligárquico. Também se comprometeu com a classe operária a transformar algumas de suas reivindicações mais importantes em lei, garantindo direitos como a limitação da jornada de trabalho e a aposentadoria.

Foi durante a Era Vargas que o samba passou de um gênero musical perseguido para um dos estilos mais populares de nosso país. Getúlio pegou carona na popularidade do samba e o incluiu no projeto de construção da identidade e nacionalidade do brasileiro na década de 1930.

Em paralelo, o Brasil vivia a Era de Ouro do rádio, período que durou até meados da

Coleção Saberes

década de 1950 e consagrou o aparelho como veículo de comunicação em massa. Nesse momento, o rádio estava em grande parte das casas do país e servia diferentes funções. A população consumia os noticiários, as radionovelas, programas de entretenimento, música, esportes e tudo o que as programações das rádios tinham a oferecer.

A popularização do samba no cenário cultural carioca, aliada ao crescimento do rádio no país, potencializou o espaço do ritmo na indústria fonográfica brasileira. Foi nesse terreno fértil que Elza fez sua primeira aparição na Rádio Tupi, umas das primeiras emissoras do país, no programa de Ary Barroso.

A princípio, o programa de calouros no qual Elza se apresentou não trouxe grandes retornos em sua vida, mas ,anos mais tarde, o rádio causaria grande impacto em sua carreira. Afinal, foi por volta dos anos 1960 que grandes emissoras como a Rádio Nacional tocaram as músicas de Elza, trazendo cada vez mais visibilidade para o seu talento. Essa fase foi crucial para que conseguisse a chance de gravar discos profissionalmente.

Na década de 1940 surge um personagem importante para compor a história do samba: o Zé Carioca. Naquele momento, acontecia a entrada dos Estados Unidos na Segunda Guerra Mundial e, com ela, a tentativa da potência de impedir que o Eixo estreitasse relações com a América Latina. Assim nasce a política de boa vizinhança, uma estratégia de *soft power* estadunidense para instigar simpatia entre os países latinos e, dessa forma, dificultar influências externas. A iniciativa de Franklin Roosevelt, então presidente dos EUA, consistia em enviar a equipe da Walt Disney Pictures para esses países para criar personagens carismáticos e, claro, cheio de estereótipos.

No Brasil, a criação foi um papagaio malandro, boa praça, cantor e preguiçoso remetendo ao estereótipo de um *bon vivant* carioca, que caiu imediatamente nas graças do público brasileiro. No filme "Alô Amigos" foi ele a ave guia turística local em uma excursão do turista americano, Pato Donald, pelo Brasil. Aliás, foi Ary Barroso que compôs a trilha da animação, a "Aquarela do Brasil".

Com o fim da Segunda Guerra e a derrota do nazifascismo, houve o fortalecimento das ideias democráticas no mundo todo, aumentando as pressões internas e externas para que o Brasil deixasse de ser uma ditadura. Para completar, setores importantes das elites econômicas se voltaram contra Getúlio assim que perceberam que o regime podia estar com os dias contados.

Aos poucos, Getúlio perdeu o pilar que sustentava seu governo e o comando militar passou a tramar sua queda. Sustentado no "queremismo" dos operários, Getúlio perdeu o que restava de confiança das elites econômicas e dos comandantes militares e foi derrubado por um golpe de Estado no dia 29 de outubro de 1945. O golpe foi dado pelos mesmos comandantes que tinham garantido seu poder até aquele momento — e mais uma vez, o argumento foi o da segurança nacional.

Getúlio, no entanto, sobreviveu à queda, foi eleito para o Senado em 1946 e voltou à presidência, dessa vez pelo voto popular, em 1951. O final da vida política de Getúlio renderia livros, documentários e muitas discussões. Mas o fato, em si, não muda muito: ele se suicidou três anos depois de retomar a presidência, quando estava sendo pressionado pela ameaça de um novo golpe militar.

No ano seguinte ao suicídio de Vargas, Juscelino Kubitschek foi eleito presidente com o slogan "50 anos em 5" e a promessa de acelerar as transformações que vinham ocorrendo em um país que se industrializava, se urbanizava e se modernizava. Juscelino traça um plano de metas, passa a investir na construção de rodovias e projeta e constrói Brasília. Diante desse processo, o Rio de Janeiro, berço de Elza Soares, deixa de ser capital federal — mudança que causou, inicialmente, desafios econômicos e urbanos para a cidade carioca.

No restante do país, aconteceu um crescimento econômico que, embora desigual, não deixou de elevar os padrões de vida da maioria da população. Por essa razão, o Brasil viveu, então, uma época de grande otimismo e de certa liberdade política. Depois dos anos de getulismo com o "pai dos pobres", tínhamos agora a era a do "presidente bossa nova".

Os anos de bonança terminariam entre os dias 31 de março e 1º de abril de 1964, quando um golpe militar no Brasil inaugura o período mais sombrio da história da república. A instauração da ditadura chega com violência, cassação de direitos e perseguição de todo aquele que ousava questionar o poder. A crise toda começa com a vitória de Jânio Quadros na corrida presidencial de 1960.

A ditadura militar e as novas tendências musicais

Havia uma falácia no país, adotada por muito tempo como verdade, de que a ditadura militar seria apenas um processo de transição entre governos e que, portanto, não duraria muito tempo. A história mostrou exatamente o contrário.

Antes mesmo de escreverem uma nova Constituição, os militares já haviam começado a mudar as regras do jogo e, com elas, consolidar o regime que duraria até 1985, com a eleição indireta de Tancredo Neves. As ferramentas mais relevantes para essa articulação foram denominadas "Atos Institucionais", dispositivos que davam um verniz de legalidade para prisões arbitrárias, perseguição de opositores e até mesmo os expedientes de tortura nos porões do DOI-Codi.

É interessante pontuar que a maior parte dos opositores ao regime, que também estiveram sob ameaça do governo, jamais pegaram em armas. Se por um lado a repressão foi uma grande marca dos anos de chumbo, como ficaria conhecido esse vergonhoso período da história política do Brasil, por outro, a resistência se mostrava em intensa produção cultural, nas artes plásticas, na literatura, no teatro e, sobretudo, na música.

De um lado surgiam os reis do lê-lê-lê, com a Jovem Guarda de Roberto e Erasmo Carlos, e do outro, a disruptiva Tropicália, movimento cultural que buscava romper com a estética e a identidade da bossa-nova, tão saturada ao longo dos anos anteriores.

O tropicalismo tinha como pano de fundo um contexto social e político de repressão e autoritarismo crescentes, algo que era constantemente referenciado em suas músicas, bem como as violências cometidas pelo sistema durante o regime. Por meio de canções cheias de jogos de palavras e acidez, performances chocantes para seu tempo, figurino excêntricos e mensagens enigmáticas, não demorou para que o movimento começasse a chamar atenção das mais diversas camadas sociais. As composições da Tropicália, por sinal, logo mostraram-se como um mecanismo de resistência e enfrentamento político frente aos abusos institucionalizados ao longo desse período.

Um dos marcos do movimento foi o lançamento de "Tropicalia ou Panis et Circensis" em 1968, álbum coletivo gravado por Caetano Veloso, Gilberto Gil, Gal Costa, Nara Leão, Os Mutantes e Tom Zé. Além desses, outros grandes nomes colaboraram com o movimento, como Chico Buarque, o pintor Hélio Oiticica e o cineasta Glauber Rocha. Alguns desse artistas chegaram a cruzar o caminho de Elza Soares poucos anos antes dessa revolução artística se concretizar, no Festival de Música Popular Brasileira de 1966. À época, a cantora participou da premiação e acabou ficando em segundo lugar com "De amor ou paz", atrás de "A banda", dos tropicalistas Chico Buarque e Nara Leão, e "Disparada", de Jair Rodrigues.

Esse festival foi fundamental para revelar talentos que hoje são considerados clássicos da música brasileira e ganhou ainda mais relevância quando Caetano Veloso, Gilberto Gil e Os Mutantes quebraram a tradição da música brasileira ao incorporar novos elementos em suas canções, como o uso da guitarra elétrica. Em 1967, na terceira edição do Festival, Gil, junto com Os Mutantes, interpretou "Domingo no parque", alcançando o segundo lugar na premiação. Na mesma noite Caetano apresentou "Alegria, alegria", que o levou ao quarto lugar. O reconhecimento desses artistas representava não apenas o êxito em criar uma nova estética musical, mas também marcava o nascimento da Tropicália.

Embora Elza não tenha sido parte, efetivamente, do tropicalismo, seus posicionamentos políticos e sua irreverência artística dialogavam com o que o movimento pregava. Além de tudo, pertencia a uma nichada classe artística carioca que sempre frequentava os mesmos ambientes, o que facilitou com que estreitasse laços com alguns dos tropicalistas — em especial, Caetano e Chico Buarque.

No entanto, essa amizade nasceu em um momento sombrio da política do país. Em 13 de dezembro de 1968, era decretado o Ato Institucional nº 5, que permitia a cassação de políticos, a intervenção nos governos de estados e municípios e a suspensão de direitos

Coleção Saberes

constitucionais como *habeas corpus*. Duas semanas após o decreto, Caetano e Gilberto Gil são presos por "tentativa da quebra do direito e da ordem institucional" por participarem de um protesto público contra a ditadura.

Chico Buarque também foi detido dias após a decretação para prestar depoimento sobre sua participação na Passeata dos Cem Mil, ocorrida em junho daquele ano. No início do ano seguinte, os três se exilaram para fugir da repressão dos militares, episódio que pôs fim à Tropicália de forma arbitrária.

No início de 1969, as pessoas podiam ser presas por sessenta dias sem julgamento, levando em conta que os primeiros dez dias de prisão ficavam em isolamento absoluto, inco-municáveis, algo impensável e completamente fora da legalidade nos dias atuais. Foi o período da institucionalização da tortura, da proibição de músicas, peças e filmes. Os conflitos armados continuavam e os grupos opositores planejavam ações cada vez mais arrojadas.

A partir de 1969, o governo ativou novos centros de informação para todos os ramos das forças armadas: Centro de Inteligência do Exército (CIE), Centro de Informações da Aeronáutica (Cisa) e Centro de Informações da Marinha (Cenimar). Também foram criados O Destacamento de Operações e Informações — Centro de Operações de Defesa Interna (DOI-Codi) e alguns órgãos paramilitares clandestinos como a Operação Bandeirante (Oban).

Elza Soares deixou o Brasil nessa mesma época junto com seu companheiro, o jogador

Garrincha, por temer que, em algum momento, se tornasse alvo fácil da repressão. E esse temor tinha fundamento, visto que em 1970 aconteceu o ataque à casa de Elza no Rio de Janeiro, que colocou em risco a vida de toda sua família. Em entrevistas, Elza contou sobre a ajuda que recebeu de Chico Buarque e sua então esposa, a atriz Marieta Severo, quando chegou à Europa.

Enquanto isso, no Brasil, a propaganda como ferramenta para influenciar a opinião pública crescia a passos largos e o país chegou a se destacar internacionalmente por algumas campanhas. O controle das comunicações e, como consequência, da narrativa a respeito da ditadura foi, aliás, crucial para o sucesso do regime militar.

A ditadura também reforçou estratégias de propaganda usadas desde a Era Vargas, que procuravam ligar o regime à "vontade dos brasileiros". Assim construíram uma identificação entre a nação e o comando do Exército. Já fazia tempo que o futebol era a maior paixão nacional, mas, na ditadura militar, esse uso político do futebol foi ainda mais impactante, em uma época em que os aparelhos de rádio já atingiam quase toda a população.

Naquele momento, a seleção brasileira era usada intensamente como propaganda para o mesmo governo que perseguia atletas como Garrincha. Os jogadores eram influenciados a clamar frases como "pra frente Brasil!" e "ninguém segura este país", mas eventualmente as tentativas de misturar política e futebol encon-

Coleção Saberes

travam alguma resistência. Um dos episódios mais emblemáticos foi quando o então técnico João Saldanha interrompeu uma declaração pública do presidente General Emílio Garrastazu Médici sobre o possível desempenho da seleção brasileira no Chile: *"Ele escala o ministério, eu convoco a seleção"*. João Saldanha era apelidado de "João Sem Medo" por comportamentos como este e porque se opunha ao regime. Mas Médici considerou a afronta do técnico imperdoável e o demitiu dois meses antes da Copa do Mundo de 1970, um evidente sinal de que os "anos de chumbo" afetariam toda a sociedade, até mesmo o futebol.

Alguns acreditam que Pelé possa ter sido o pivô da discussão que culminou na demissão de Saldanha. A figura de Pelé era controversa, visto que, por mais que trouxesse pautas relevantes, como o racismo, para dentro de campo, não teria feito críticas ao regime ao longo de toda a ditadura. De todo modo, o Brasil se tornou tricampeão na competição graças a ele, que inclusive foi eleito o melhor jogador da seleção naquele ano.

Garrincha, por sua vez, também não se envolvia em questões políticas, mas apesar de não ser visto como uma ameaça ao regime, foi vítima de perseguições por ser casado com Elza — que construiu uma carreira em cima de temas e ideais repudiados pelos militares.

Uma passagem curiosa é que Garrincha chegou a aparecer nos arquivos secretos da ditadura. Um documento elaborado pela Marinha e datado em 27 de fevereiro de 1969 diz que o jogador estaria sendo um "inocente útil" sob influência dos jornalistas do *Novos Rumos*, jornal do partido comunista. Na anotação, Garrincha é ridicularizado e chamado de "demasiado ignorante para ter noção do que seja uma ideologia".

A redemocratização

Passada a euforia da Copa de 1970, não demorou a passar também a euforia com o "milagre econômico brasileiro", período do governo de Emílio Garrastazu Médici marcado por altas taxas de expansão do Produto Interno Bruto (PIB). Isso porque, em 1973, um aumento de aproximadamente 300% no preço do petróleo foi um golpe duro na economia brasileira, que desencadeou o fim abrupto desse episódio. Ironicamente, o tal milagre desandou assim que a economia mundial colapsou no mesmo ano. Aos poucos, a ditadura militar ia entregando aos civis um país cada vez mais afundado em uma crise tanto econômica quanto social.

No dia 15 de março de 1974, Médici passa o bastão presidencial para o general Ernesto Geisel, o que marca o fim do período conhecido como "anos de chumbo" da ditadura militar brasileira.

Geisel, cujo governo durou de 1974 até 1979, entrou na presidência com dois objetivos: retomar o crescimento econômico e restabelecer a democracia no Brasil. A partir daqui, se inicia o período de abertura do Brasil que, gradualmente, levou o país à redemocratização na década de 1980. Geisel usava em seus pronunciamentos a expressão "distensão lenta, segura e gradual". A mensagem era a de que, ainda que o regime militar pretendesse a abertura política, não tinha intenção de deixar que isso ocorresse de forma descontrolada. Isso se deve em grande parte àqueles que, dentro do Exército, não aprovavam a mudança de regime, os chamados "duros".

Ainda assim, tudo indicava que a abertura era para valer. Em primeiro lugar, houve o início do afrouxamento da censura à liberdade de expressão, assim como o crescimento das oposições. Ou seja, em termos sociais, Geisel teve de lidar com a rearticulação da sociedade civil. Prova desse crescimento de oposição e rearticulação política foi a vitória esmagadora dos opositores nas eleições para deputados e senadores de 1974.

Os problemas na economia e as medidas autoritárias citadas anteriormente, além de casos como o do jornalista Wladimir Herzog, vítima de tortura cujo suicídio fora simulado, traziam a impressão de que a abertura estava sendo interrompida. A oposição, entretanto, começou a mobilizar a sociedade civil que passou a exigir anistia "ampla, geral e irrestrita" a todos os presos políticos, exilados e cassados.

Além disso, estabeleceu-se outra frente de luta, como o foco de levantar uma assembleia constituinte para uma nova constituição. Essa iniciativa fora amplamente apoiada institucionalmente, em especial, pela Ordem dos Advogados do Brasil (OAB).

Com essa avalanche de transformações políticas, Elza, que já havia enfrentado perseguições por agentes do regime que culminaram no exílio, viu nesse movimento de redemocratização a possibilidade de retomar as rédeas de sua carreira. No decorrer desse período, voltou a adotar uma postura progressista e se juntou a outros artistas da MPB que, assim como ela, eram radicalmente contra a censura e a barbárie da ditadura militar.

A eleição de 1978 resultou em um relativo equilíbrio de forças políticas e o governo acabou por conseguir manter a tal da distensão "segura e gradual". Diante do equilíbrio alcançado e de imensa pressão sofrida por parte da sociedade civil e do reaberto congresso nacional, o governo promove um acontecimento bastante emblemático para esse momento histórico: No dia 1º de janeiro de 1979 foi aprovada uma proposta governamental que revogava o Ato Institucional n° 5 (ou AI-5). Para além do imenso valor simbólico, a nova lei impedia que o governo fechasse o congresso ou cassasse os direitos políticos dos cidadãos.

Geisel escolhe, então, como seu sucessor na presidência o general João Baptista Figueiredo, chefe do Serviço Nacional de Informação (SNI). Eleito de forma indireta, Figueiredo assume o cargo em março de 1979, com o compromisso de aprofundar o processo da abertura política iniciada no governo Geisel.

Em seu governo, Figueiredo teve que batalhar contra uma dívida externa de 100 bilhões de dólares, mas sem a contrapartida de crescimento dos governos anteriores. Esse endividamento todo junto com o declínio da economia acabou favorecendo a onda democratizante em seu governo. Em seu governo, aprovou a Lei da Anistia. Promulgada em 28 de agosto de 1979, a lei permitiu o retorno dos exilados pelo regime militar.

Em 1982 se restabelecem as primeiras eleições diretas para governador desde 1964. No ano seguinte, é apresentado um projeto pelo deputado Dante de Oliveira que propunha uma emenda constitucional à câmara dos deputados, que restabeleceria as eleições diretas para presidente da república. A proposta causou grande repercussão e foi fortemente apoiada pela sociedade civil. Começa, então, o processo de convocação de apoio à *Emenda Dante de Oliveira*. Assim se inicia aquilo que se tornou a maior mobilização da história do

Brasil: a famosa campanha "Diretas-Já". Foi uma impressionante afirmação de cidadania, reunindo milhões de pessoas em diversas cidades do país ao longo dos meses que precederam a votação da emenda.

No dia 25 de abril de 1984 a emenda foi para votação na câmara dos deputados, entretanto, não teve votos suficientes para sua aprovação. Diante da frustração da emenda, o PMDB indica Tancredo Neves para concorrer no Colégio Eleitoral. Pouco antes das eleições, o partido do governo (PDS) foi dividido, gerando a "Frente Liberal", sob a liderança de Aureliano Chaves, vice-presidente do período. A Frente Liberal se aliou à oposição, e passou a apoiar a chapa de Tancredo Neves, com José Sarney, antigo líder da Arena e do PDS, para vice.

Coleção Saberes

As eleições ocorreram aos moldes do regime militar, ou seja, com eleições indiretas pelo Colégio Eleitoral. Reunindo a maioria dos votos, o mineiro Tancredo Neves ganha do candidato do PDS, Paulo Maluf. Na véspera da posse, Tancredo é internado com câncer e morre pouco depois. Quem assume a presidência é José Sarney, no ano de 1985, encerrando os dias de ditadura militar.

Mas, ainda faltava um passo fundamental para a redemocratização do Brasil: uma nova Constituição Federal, adequada aos moldes de um regime de ordem democrática. Isso se deu três anos depois, no ano de 1988, com a aprovação da nossa atual constituição. Esta que foi carinhosamente apelidada "Constituição Cidadã", pelo deputado federal e presidente da

Assembleia Constituinte Ulysses Guimarães, foi a pedra que selou o regime democrático no qual vivemos hoje, período iniciado com uma transição sutil que manteve muitos dos chamados de "filhotes da ditadura".

3

LEGADO

> "Passei por tudo isso
> e acho que a gente
> tem que ter muito medo.
> Medo não, coragem.
> Porque tudo passa."
>
> **Elza Soares**

Para falarmos do legado de uma figura emblemática como Elza Soares, é necessário que façamos alguns recortes, de modo a constituir uma percepção multifacetada daquilo que ficou no mundo por causa de sua existência. Precisamos entender quais vontades e versões desse ser humano fantástico marcaram a nossa realidade. Afinal, não apenas faz pouquíssimo

Coleção Saberes

tempo desde seu falecimento, mas também de uma vida longa e intrincada, repleta de reviravoltas.

Quem foi a mulher mais importante entre todas as "Elzas"? Seria aquela que lutou pelos direitos de mulheres, pessoas pretas e *queer* ou aquela da voz que balançou o mundo inteiro? A brasileira que deu certo ou a menina do planeta fome? De certa forma, todas.

Vamos começar com o elemento de sua vida cuja herança de Elza Soares se faz mais óbvia: seu legado artístico, uma trajetória fonográfica que vem pavimentando os caminhos da música brasileira ao longo das seis últimas décadas.

Em vida, a discografia de Elza compreende aproximadamente 35 álbuns, com o primeiro tendo sido lançado em maio de 1960 e o último em dezembro de 2021. Foi do disco de vinil até os álbuns editados em formato digital, passando por LPs e CDs.

Se a artista, ao longo de sua carreira, produziu em diversas tecnologias, não foi nesse campo apenas que demonstrou diversidade, mas também na quantidade de estilos musicais com os quais se envolveu. Afinal, ainda que seja prioritariamente lembrada como uma artista do samba, Elza não se limitou a esse gênero musical. Ela flertou com a MPB, o rock, o jazz e até o rap, sempre com autenticidade e ao lado dos nomes mais relevantes da cena musical de cada momento.

O resultado desse comportamento metamórfico ao longo de praticamente um século torna-a um verdadeiro ícone da música popular brasileira e mundial, fazendo de sua discografia um conjunto de obra que contempla os principais gêneros brasileiros e estrangeiros que compõe a cacofonia musical característica do Brasil moderno.

Sua capacidade de reinventar-se ao longo das décadas e de atravessar gerações incorporando diferentes estilos musicais ao seu trabalho, fazem dela uma artista maior que o tempo. Não foi à toa que a rádio BBC elegeu a carioca como a "cantora brasileira do milênio".

Além disso, o disco "A mulher do fim do mundo", vencedor de Grammy Latino, foi eleito um dos dez melhores álbuns de todos os tempos. Elza, inclusive, esteve em plena atividade até seu penúltimo dia de vida, quando gravou um DVD no Teatro Municipal de São Paulo.

Elza foi, para além de uma artista virtuosa, um exemplo de autenticidade e pensamento crítico. A seu modo, ela sempre seria capaz de representar as contradições e injustiças de um país racialmente demarcado, em permanente convulsão política e abundante, refletindo esse contexto em sua produção cultural (especialmente na música), mesmo quando esteve sob censura. Ela jamais se calou diante das desigualdades que testemunhou e viveu.

A trajetória de Elza nesse plano foi de quase um século, ou seja, ela testemunhou muito da história do Brasil. As consequências da escravidão, da exclusão do período republicano no Rio de Janeiro, os anos da Segunda Guerra

Coleção Saberes

Mundial, as ditaduras de Vargas e a Civil-militar, assim como os anos da redemocratização e até mesmo os da pandemia da Covid-19, que mudaram profundamente as relações, as formas de consumo e de vida. Elza presenciou tudo isso, se colocando sempre em evidência suas posições e participando dos debates de seu tempo.

Elza sempre usou sua arte para poder questionar e confrontar a opressão social, da ácida primeira resposta dada na apresentação na Rádio Tupi até seus últimos álbuns, talvez os mais políticos de todos.

Portanto, ao tentar observar seu legado, podemos perceber uma simetria entre realização estética e ética, em que a arte encontra a política. Aquilo que ela buscava para o mundo estava nos versos em que cantava, mas para muito além deles. Ou seja, seu legado é o de uma arte que busca justiça.

Bibliografia

CAMARGO, Zeca. **Elza**. 1 ed. Leya, 2018.

LOUZEIRO, José. **Elza Soares — cantando para não enlouquecer. 1 ed. São Paulo: Planeta, 2010.**

MUGGIATI, Roberto. **O Que é Jazz?** Editora Brasiliense.

GUCA, Domenico. **Breve História da Bossa Nova**. 1 ed. São Paulo: Editora Claridade, 2016.

LIRA, Neto. **Uma História do Samba: as origens**. 1 ed. Companhia das Letras, 2017.

ALENCASTRO, Luiz Felipe de. **O trato dos viventes: formação do Brasil no Atlântico Sul**. São Paulo: Companhia das Letras, 2000.

REIS, João José; SILVA, Eduardo. **Negociação e Conflito: a resistência negra no Brasil escravista**. São Paulo: Companhia das Letras, 1989.

SCHWARTZ, Stuart. **"Alforria na Bahia, 1684–1745"**. In: Escravos, roceiros e rebeldes, p. 165-212. Rio Grande do Sul: EDUSC, 2001.

SEVCENKO, Nicolau. **A revolta da vacina - mentes insanas em corpos rebeldes**. São Paulo: Brasiliense, 1984.

CHALHOUB, Sidney. **Cidade Febril: cortiços e epidemias na Corte imperial**. São Paulo: Cia das Letras, 1996.

COSTA, Ângela Marques; SCHWARCZ, Lilia Moritz. **1890-1914: No tempo das certezas**. São Paulo: Cia das Letras, 2000.

SILVA, Hélio. **Vargas: uma biografia política**. L&PM, 1980.

AVENTURAS na História (org.). 50 anos do golpe: A ditadura militar no brasil. Editora Abril, 2014.

NAPOLITANO, Marcos. **1964: história do regime militar brasileiro**. 1 ed. São Paulo: Editora Contexto, 2014.

GASPARI, Elio. **A Ditadura Envergonhada**. 1 ed. Rio de Janeiro: Intrínseca, 2014.

Vídeos e séries:

ELZA e Mané — Amor em linhas tortas. Direção de Caroline Zilberman. Produção: Globoplay, 2022

ELZA infinita. Direção de Natara Ney e Érika Cândido. Produção: Kilomba Produções, 2021.

ELZA Soares — O Gingado Da Nêga. Direção de Rafael Rodrigues. Produção: Canal Bis, 2013.

Artigos e websites:

CESAR, Rafael do N.; FERREIRA, Carolina; QUEIROZ, Vítor. Elza Soares: dos alfinetes à carne negra. Revista Educação e Ciências Sociais. Salvador, BA. Vol. 3, n. 5 (2020). Disponível em: https://www.revistas.uneb.br/index.php/cienciassociais/article/view/9545. Acesso em: 10 dez. 2024.

GONÇALVES, Douglas; TORRES, Maximiliano. Eu não vou sucumbir: Elza Soares e sua performance da sobrevivência. Revista Ártemis, vol. XXXIV n° 1; jul-dez, 2022. Disponível em: https://periodicos.ufpb.br/index.php/artemis/article/

view/65174/36635. Acesso em: 10 dez. 2024.

MARQUESE, R. DE B. A dinâmica da escravidão no Brasil: resistência, tráfico negreiro e alforrias, séculos XVII a XIX. Novos estudos CEBRAP, n. 74, p. 107–123, 2006. Disponível em: https://www.scielo.br/j/nec/a/xB5SjkdK-7zXRvRjKRXRfKPh/. Acesso em: 10 dez. 2024.

GRAHAM, Sandra Lauderdale. O motim do vintém e a cultura política do Rio de Janeiro em 1880. Revista Brasileira de História: Reforma e Revolução. São Paulo: ANPUH/ Marco Zero, v. 10, n.20, 1990. p.211-232. Disponível em: https://www.snh2011.anpuh.org/resources/download/1245202003_ARQUIVO_sandragraham.pdf. Acesso em: 10 dez. 2024.

MATSUKI, Edgard. Cem anos do rádio no Brasil: das emissoras pioneiras até a Era de Ouro. Agência do Brasil, 2022. Disponível em: https://agenciabrasil.ebc.com.br/geral/noticia/2022-06/cem-anos-do-radio-no-brasil-das-emissoras-pioneiras-ate-era-de-ouro. Acesso em: 10 dez. 2024.

G1 Rio. Elza Soares foi enredo da Mocidade no último carnaval: 'Obrigado, Deusa', posta escola. Disponível em:

https://g1.globo.com/rj/rio-de-janeiro/noticia/2022/01/20/
elza-soares-foi-enredo-da-mocidade-no-ultimo-carnaval.
ghtml. Acesso em: 10 dez. 2024.

RODRIGUES, H. Elza, a voz contra o autoritarismo: Da
casa fuzilada na Ditadura ao "Fora, Bolsonaro". Revista
Fórum, 2022. Disponível em: https://revistaforum.com.
br/brasil/2022/1/20/elza-voz-contra-autoritarismo-da-ca-
sa-fuzilada-na-ditadura-ao-fora-bolsonaro-109016.html.
Acesso em: 10 dez. 2024.

MEMÓRIAS da ditadura. Pelé, Copa do México, "Pra
frente, Brasil". Disponível em: https://memoriasdaditadura.
org.br/pele-copa-do-mexico-pra-frente-brasil/. Acesso
em: 10 dez. 2024.

Primeira edição (fevereiro/2025)
Papel de miolo Luxcream 80g
Tipografia Colaborate, Cheddar Gothic Sans e Visby
Gráfica Melting